1900. Juin. 26

VENTE

APRÈS DÉCÈS

HOTEL DROUOT — SALLE N° 2

Les Mardi 26 et Mercredi 27 Juin 1900

A 2 HEURES

TABLEAUX

MODERNES

Aquarelles et Dessins

MOBILIER

ARGENTERIE — BIJOUX

Objets d'Art

EXPOSITION PUBLIQUE

LE LUNDI 25 JUIN 1900

de 1 heure 1/2 à 5 heures 1/2

M° G. DUCHESNE	M. H. BRAME
COMMISSAIRE-PRISEUR	EXPERT
6, rue de Hanovre, 6	2, rue Laffitte, 2

PARIS — 1900

IMPRIMERIE MAULDE et RENOU

MAULDE, DOUMENC & Cie

IMPRIMEURS DE LA COMPAGNIE DES COMMISSAIRES-PRISEURS

Rue de Rivoli, 144

COLLECTION

DE

TABLEAUX MODERNES

AQUARELLES, DESSINS

ŒUVRES DE

Appian. Baron. Béthune. Bida. Bonnefoy. Boudin,
Boulard, J.-L. Brown. Calame, Cottin,
Dupray, Gleyre, Huguet, Lépine. Lugardon. De Penne
Quost, Ribot.
Saunier. A. Stevens. Veyrassat, Vollon, Ziem, etc.

MOBILIER

OBJETS D'ART ET DE CURIOSITÉ

Bijoux montés de Brillants

25 KILOGR. d'ARGENTERIE de TABLE. etc.

VENTE APRÈS DÉCÈS

HOTEL DROUOT — SALLE N° 2

Les Mardi 26 et Mercredi 27 Juin 1900, à 2 heures

Mᵉ G. DUCHESNE
COMMISSAIRE-PRISEUR
Rue de Hanovre, n° 6

M. H. BRAME
EXPERT POUR LES TABLEAUX
Rue Laffitte, n° 2

EXPOSITION PUBLIQUE

Le Lundi 25 Juin 1900, de 1 heure 1/2 à 5 heures 1/2

PARIS — 1900

CONDITIONS DE LA VENTE

—

Elle sera faite au comptant.

Les Acquéreurs paieront CINQ POUR CENT en sus des adjudications.

Aucune réclamation ne sera admise une fois l'adjudication prononcée.

Les Tableaux, Dessins, etc., sont vendus sans droit de reproduction.

ORDRE DES VACATIONS

—

Mardi 26 Juin : LIVRES.

A 3 heures : TABLEAUX ET DESSINS.

Ensuite : LES BIJOUX ET L'ARGENTERIE.

Mercredi 27 Juin : MOBILIER, BRONZES, OBJETS D'ART, TAPIS, RIDEAUX, ETC.

MAULDE, DOUMENC et Cie, imp. de la Compagnie des Commissaires-Priseurs, rue du Rivoli, 144.   800—89845

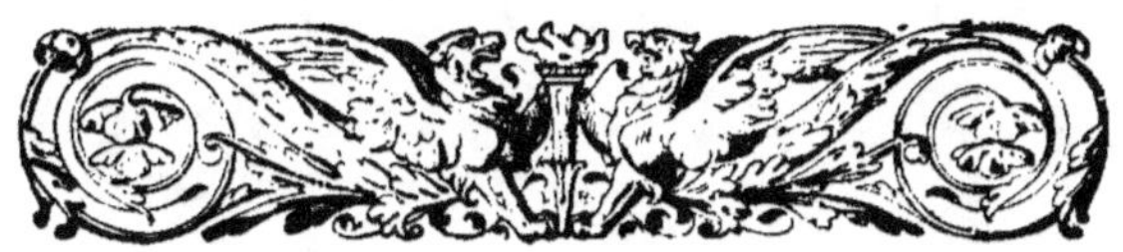

DÉSIGNATION

TABLEAUX

APPIAN

1 — La Mare en Forêt.

H. 0m41 ; L. 0m27

BONNEFOY

2 — Rivière sous bois.

H. 0m27 ; L. 0m48

BONNEFOY

3 — La Source.

H. 0m40 : L. 0m25

BONNEFOY

4 — Rochers au bord de la mer.

H. 0^{m}22 ; L. 0^{m}43.

BOUDIN

5 — Vue des Quais de Bordeaux.

H. 0^{m}40 ; L. 0^{m}65.

BOULARD

6 — Gros Temps.

H. 0^{m}32 ; L. 0^{m}52

BOULARD

7 — Baigneuse.

H. 0^{m}27 ; L. 0^{m}22.

BROWN (John-Lewis)

8 — Promenade en Forêt.

H. 0^{m}33 ; L. 0^{m}22

CALAME

9 — Le Mont Blanc vu du fond du petit lac de
Genève.

H. 0^m19; L. 0^m38.

COTTIN

10 — Coq et Poules.

H. 0^m22 ; L. 0^m18.

COTTIN

11 — Poules.

H. 0^m10; L. 0^m18.

DUPRAY

12 — Avant l'Attaque.

H. 0^m24, L. 0^m33.

HUGUET

13 — La Caravane.

H. 0^m47; L. 0^m82.

HUGUET

14 — La Halte.

> H. 0^m37 ; L. 0^m57.

LÉPINE

15 — La Seine (environs d'Epinay).

> Œuvre d'une grande finesse et d'une composition remarquable.

> H. 0^m34 ; L. 0^m60.

LÉPINE

16 — Bords de la Marne.

> H. 0^m22 ; L. 0^m32.

LÉPINE

17 — Vue de Saint-Denis.

> H. 0^m15 ; L. 0^m28.

LUGARDON

18 — Vue du lac de Genève (canton du Valais).

> H. 0^m63 ; L. 0^m98.

DE PENNE

19 — Chiens se désaltérant.

H. 0^{m}38; L. 0^{m}42.

QUOST

20 — Fleurs dans un panier.

H. 0^{m}11; L. 0^{m}14.

QUOST

21 — Giroflées.

H 0^{m}40; L. 0^{m}31.

QUOST

22 — Fleurs dans un vase en cuivre.

H. 0^{m}90; L. 0^{m}70.

QUOST

23 — Lilas blanc et Œillets.

H. 0^{m}60; L. 0^{m}41.

QUOST

24 — Fleurs.

H. 0ᵐ56; L. 0ᵐ31.

RIBOT

25 — Le Cuisinier.

H. 0ᵐ15; L. 0ᵐ22.

A. STEVENS

26 — Marine.

H. 0ᵐ32; L. 0ᵐ23.

SWERTENKOW

27 — Le Traineau en détresse (vue de la steppe).

H. 0ᵐ45; L. 0ᵐ60.

TOPPFER

28 — Vue de Salève (environs de Genève).

H. 0ᵐ16; L. 0ᵐ29.

VEYRASSAT

29 -- Les Chevaux de halage.

H. 0^{m}24 ; L. 0^{m}41.

VOLLON

30 — Le vieux port de Trouville.

H. 0^{m}21 ; L. 0^{m}27.

ZIEM

31 — Vue de la Corne-d'Or.

H. 0^{m}35 : L. 0^{m}60.

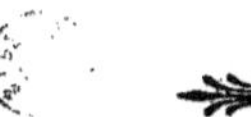

DESSINS ET AQUARELLES

BARON

32 — La Pièce d'eau. Paysage et figures.

Belle aquarelle.

H. 0ᵐ34 ; L. 0ᵐ26.

BÉTHUNE

33 — Vue de Genève.

H. 0ᵐ28; L. 0ᵐ47.

BIDA

34 — Judith contemplant la tête d'Holopherne.

H. 0ᵐ27; L. 0ᵐ22.

BIDA

35 — Marchand à Constantinople.

H. 0ᵐ 32, L. 0ᵐ 24.

BOULANGER

— Étude de Négresse.

Sanguine.

H 0ᵐ36, L 0ᵐ16.

GLEYRE

37 — Tête de Christ.

Études de têtes.

H. 0ᵐ43 ; L 0ᵐ33.

SAUNIER

38 — L'Yonne à Joigny.

Aquarelle.

H. 0ᵐ23 ; L. 0ᵐ33

39 — Catalogue de la vente H... (avril 1875), accompagné de 68 reproductions hors texte, eaux-fortes, etc.).

40 — Recueil de 24 eaux-fortes, par Ch. Jacque.

SARAZIN, *imp*.

MOBILIER

Désignation sommaire

BIJOUX

Bracelet monté de 23 brillants et roses.

Épingle de coiffure formée par un bracelet monté de 23 brillants.

Épingle de coiffure montée d'un brillant jonquille entouré de petits brillants.

Six Broches barrettes montées de brillants.

Sept Épingles jumelles en or, brillants et perle.

Tour de cou et Bracelet en or.

ARGENTERIE

Verseuse et Sucrier d'époque Louis XV.

Légumier avec couvercle, époque 1er Empire.

Douze Fourchettes et douze Couteaux en vermeil, manches en onyx.

Joli service à thé en vermeil ciselé.

Plats, Couverts de table et à entremets. Salières, Bouts-
de-Table, Encriers, Supports. Services à poisson et
hors-d'œuvre. Cuillers à café, Saucière, Moutar-
diers, etc. — *Plaqué*.

OBJETS D'ART ET DE CURIOSITÉ
PORCELAINES & FAIENCES DÉCORÉES

Éventails Louis XV et Louis XVI.

Brûle-parfums argent repercé, travail oriental.

Éléphants en bois de fer. Divinité siamoise.

Boites-Tabatières. Bonbonnières, Cassolettes, Bijoux
anciens, etc.

Vases, Plats, Jardinières en porcelaines et faïences décorées.

BRONZES D'ART & D'AMEUBLEMENT
FERS, ÉTAINS

Belle Garniture de cheminée en bronze ciselé et doré et
marbre blanc, de style Louis XVI.

Statuettes, Bustes. Vases.

Candélabres, Flambeaux, Landiers.

Galeries et Garnitures de foyer.

Appliques. Suspension, Lustres hollandais et autres en
cuivre.

Bronzes de la Chine et du Japon.

MEUBLES ANCIENS & MODERNES

Meuble à deux corps en bois sculpté. xviiᵉ siècle.

Trois Tables et une Table à coiffer en marqueterie de bois. Travail hollandais.

Commode en marqueterie de palissandre ornée de bronzes. Époque Régence.

Table en bois noir et palissandre marqueté d'ivoire. Époque Louis XIII.

Armoire Louis XV en noyer sculpté

Meuble crédence en bois sculpté, de style gothique.

Meuble à deux corps en bois sculpté, style Renaissance.

Beau Meuble de salon en bois sculpté, de style Louis XVI, recouvert en velours ciselé sur fond de satin jaune, composé de deux canapés, quatre fauteuils et quatre chaises.

Jolie Vitrine en acajou, richement ornée de bronzes ciselés et dorés. Style Louis XVI.

Piano droit en palissandre, de PLEYEL.

Buffets, Tables, Chaises, Bibliothèques, Bureaux, Cartonniers, Lits, Armoires à glace, Meuble d'entre-deux, Portemanteaux, Tables à jeu, Toilettes, Chiffonnier en palissandre, thuya, acajou, bois noir, bois rose, chêne et noyer.

Sièges divers garnis en soie, velours, drap, tapisserie et
reps.

Rideaux, Portières, Tentures, Tapis de table, Carpettes
d'Orient. Tapis.

Environ 1200 Volumes d'Histoire et Littérature, Dic-
tionnaires, etc.

Services de table en porcelaine et faïence décorées.

Service de verrerie.

Batterie de cuisine.

Bonne Literie.

Linge de maison.

Objets divers.